Kanban For Fun

Aprenda com humor e sem complicação.

Kanban For Fun

Aprenda com humor e sem complicação.

Alexandre Etchechurry Ferreira

Independente

Dedicatória

Para minha esposa que serve de exemplo de mulher estudiosa e trabalhadora. Me suporta em todas as áreas e me dá paz para prosseguir.

Prólogo

Bem-vindo ao mundo do Kanban, uma metodologia ágil que tem transformado a maneira como equipes ao redor do mundo gerenciam seus fluxos de trabalho e aumentam a produtividade. Este livro foi criado para servir como uma introdução aos conceitos e expressões fundamentais do Kanban, oferecendo uma base sólida para aqueles que estão começando a explorar essa poderosa ferramenta.

O Kanban, originado nas linhas de produção da Toyota na década de 1940, evoluiu para se tornar uma abordagem versátil e eficaz para a gestão de projetos em diversas indústrias. Seu foco na visualização do trabalho, na limitação do trabalho em progresso e na melhoria contínua faz dele uma escolha ideal para equipes que buscam eficiência e clareza em seus processos.

Neste livro, você encontrará explicações dos principais conceitos do Kanban, mas o objetivo não é esgotar o assunto, mas sim fornecer uma introdução acessível que permita a você entender e começar a aplicar o Kanban em seu dia a dia.

Para aqueles que desejam se aprofundar ainda mais e buscar certificações ou aplicar o Kanban de maneira mais avançada, recomendamos a leitura de outras literaturas especializadas e a participação em treinamentos específicos. O Kanban é uma jornada de aprendizado contínuo, e este livro é apenas o primeiro passo.

Prepare-se para descobrir como o Kanban pode transformar a maneira como você e sua equipe trabalham, trazendo mais organização, transparência e eficiência para seus projetos.

Sumário

O que é Kanban?

No reino de Westeros, onde dragões voam e tronos são disputados, a gestão de projetos também é uma batalha épica. E é aí que entra o Kanban, um método que até os Lannisters respeitariam. Vamos ver como nossos personagens favoritos de Game of Thrones lidariam com isso!

Cena 1: O Conselho de Gestão de Projetos

Tyrion Lannister: "Bom dia, senhores e senhoras. Hoje vamos falar sobre Kanban. Alguém sabe o que é isso?"

Jon Snow: "Você sabe, eu não sei nada."

Daenerys Targaryen: "Kanban é um método para gerenciar trabalho. Ele nos ajuda a visualizar o que está acontecendo e a melhorar nossos serviços."

Tyrion Lannister: "Exatamente, minha rainha. Com Kanban, podemos ver o trabalho invisível e como ele flui. Isso nos ajuda a operar de forma mais eficaz."

Cena 2: O Quadro Kanban

Arya Stark: "Então, como funciona esse quadro Kanban?"

Sansa Stark: "É simples, Arya. Temos colunas para 'A Fazer', 'Em Progresso' e 'Concluído'. Movemos as tarefas de uma coluna para outra conforme avançamos."

Bran Stark: "Eu vejo tudo. E vejo que isso vai nos ajudar a entender e gerenciar riscos."

Cena 3: Benefícios do Kanban

Jon Snow: "E quais são os benefícios disso tudo?"

Tyrion Lannister: "Alivia a sobrecarga, nos dá controle sobre o trabalho e traz benefícios rápidos. Quando aplicado em uma escala maior, traz ainda mais oportunidades."

Daenerys Targaryen: "Com o Kanban, nossa capacidade adaptativa melhora ao longo do tempo, respondendo melhor e mais rápido às mudanças."

Cena 4: O Futuro de Westeros com Kanban

Sansa Stark: "Então, estamos todos de acordo? Vamos implementar o Kanban em todo o reino?"

Todos: "Sim!"

Mestre Etchechurry: "Lembrem-se, estou sempre aqui para ajudar."

E assim, Westeros adotou o Kanban, tornando-se um reino mais eficiente e adaptável. E viveram felizes para sempre... ou pelo menos até a próxima batalha.

Método, Metodologia ou Framework?

No reino de Westeros, onde dragões voam e tronos são disputados, a gestão de projetos é uma verdadeira batalha. E é aí que entra a discussão sobre Método, Metodologia ou Framework, algo que nem os Sete Reinos conseguem ignorar!

Jon Snow: "Sansa, precisamos organizar melhor nossas tarefas. O inverno está chegando e não podemos perder tempo."

Sansa Stark: "Jon, ouvi falar de algo chamado metodologia. É uma abordagem de definição de processo para o desenvolvimento de software e gerenciamento de projetos. Mas, na verdade, 'metodologia' significa 'o estudo de métodos'."

Tyrion Lannister: "Interessante, Sansa. E como isso se aplica ao nosso reino?"

Sansa Stark: "As metodologias contêm fluxos e processos de trabalho prescritivos e definidos, incluindo funções e responsabilidades. Isso significa que elas são geralmente específicas de um domínio, como o desenvolvimento de software."

Daenerys Targaryen: "Então, é como ter um exército organizado em fileiras, cada um sabendo exatamente o que fazer?"

Sansa Stark: "Exatamente, Dany! Mas também temos os frameworks de processos, que são metodologias incompletas.

Eles são como andaimes que precisam de personalização para cada contexto."

Jon Snow: "E onde entra o Kanban nisso tudo?"

Tyrion Lannister: "Kanban não é uma metodologia nem um framework de processo. É um método ou uma abordagem de gestão que deve ser aplicada a um processo ou método de trabalho já existente."

Sansa Stark: "Isso mesmo, Tyrion. Nunca há uma questão de usar Kanban versus uma metodologia ou framework. Em vez disso, o Kanban sempre é adicionado a uma metodologia, framework, ou a maneira de trabalhar já existente."

Daenerys Targaryen: "Então, Kanban é como um quadro mágico onde colocamos todas as nossas tarefas. Cada tarefa é um cartão que movemos de uma coluna para outra, conforme o trabalho avança."

Arya Stark: "E se algo der errado, temos o mestre Etchechurry para nos ajudar. Ele é respeitado e poderoso, e consegue remover todos os obstáculos do projeto."

Tyrion Lannister: "Parece que finalmente encontramos uma maneira de gerenciar nossos projetos sem perder nossas cabeças. Vamos brindar a isso!"

FOR FUN
PROJECT
CARGIC
SEGRUN
Koba
HEET
KANBAN
TRIEM
URGENT

Raízes do Método

No reino de Westeros, onde dragões voam e tronos são disputados, um novo método de gestão surgiu para trazer ordem ao caos: o Método Kanban!

Cena 1: O Conselho de Gestão

Tyrion Lannister: "Então, Jon, ouvi dizer que você está tentando organizar o trabalho dos Guardiões da Noite. Já pensou em usar o Kanban?"

Jon Snow: "Kanban? Isso é algum tipo de espada mágica?"

Tyrion: "Não, Jon. É um método de gestão baseado no Lean Manufacturing. Foi criado para melhorar empresas de serviços profissionais e fornecer um método de mudança mais humano."

Cena 2: A Sala de Guerra

Daenerys Targaryen: "Então, Tyrion, como esse Kanban pode me ajudar a conquistar o Trono de Ferro?"

Tyrion: "Bem, Dany, o Kanban é perfeito para gerenciar trabalho do conhecimento, como planejar suas campanhas. Ele vê o inventário como intangível e aceita a variabilidade na entrega do trabalho. Além disso, o foco é na melhoria do valor e do fluxo de bens e serviços."

Cena 3: O Conselho de Guerra

Cersei Lannister: "E como esse Kanban pode me ajudar a manter o controle de Porto Real?"

Tyrion: "Kanban é baseado no Lean. Ele foca no fluxo de trabalho, limita o trabalho em andamento para estabelecer sistemas puxados, e otimiza o sistema como um todo. É como ter um exército bem treinado, sempre pronto para agir."

Cena 4: A Batalha Final

Jon Snow: "Então, com o Kanban, podemos melhorar continuamente de maneira evolutiva?"

Tyrion: "Exatamente, Jon. Tomamos decisões baseadas em dados e focamos na melhoria contínua. É como aprender com cada batalha para vencer a guerra."

E assim, com a ajuda do Método Kanban e do Mestre Etchechurry, os líderes de Westeros encontraram uma maneira de gerenciar seus reinos com eficiência e sabedoria.

FUN
Ptole
Plaiing

Áreas de Aplicação

No reino de Westeros, onde dragões voam e tronos são disputados, um novo método de gestão começou a ganhar força: o Kanban. E quem melhor para explicar isso do que nossos queridos personagens de Game of Thrones?

Jon Snow: "Sabe, Sansa, o Kanban é um método sem metodologia. Ele é bastante abstrato, mas tem uma ampla área de aplicação. É como o Norte, vasto e cheio de possibilidades."

Sansa Stark: "Jon, você sempre foi bom em liderar, mas o Kanban respeita o fluxo existente de trabalho. Não é sobre mudar tudo, mas sim melhorar o que já temos."

Tyrion Lannister: "Ah, então é como beber vinho. Você não precisa mudar a bebida, apenas melhorar a qualidade e a quantidade!"

Daenerys Targaryen: "Eu apliquei o Kanban em Meereen. Os dragões ajudaram a manter o fluxo de trabalho, e agora até os escravos estão usando para organizar suas tarefas."

Arya Stark: "Eu usei o Kanban para organizar minha lista de pessoas a serem eliminadas. Funciona perfeitamente!"

Etchechurry: "Lembrem-se, meus caros, o Kanban pode ser aplicado em qualquer área. Desde TI até marketing, recursos humanos, mídia, design, suporte ao cliente, desenvolvimento de produtos e até educação. E sempre que precisarem, podem contar comigo para remover qualquer obstáculo."

Bran Stark: "Eu vi isso no passado e no futuro. O Kanban é o caminho."

E assim, com a ajuda de Etchechurry, Westeros se tornou um lugar mais organizado e eficiente, onde todos podiam trabalhar em harmonia.

Princípios do Kanban em Westeros

Em Westeros, onde dragões voam e tronos são disputados, a gestão de projetos também é uma batalha épica. Vamos ver como os personagens de Game of Thrones usariam o Kanban para organizar suas tarefas e vencer seus desafios.

Jon Snow: "Eu não sei nada sobre Kanban, mas sei que precisamos começar com o que fazemos hoje."

Daenerys: "Concordo, Jon. Vamos acordar em buscar a melhoria através da mudança evolucionária. Dracarys nas tarefas atrasadas!"

Tyrion: "Encorajar atos de liderança em todos os níveis é essencial. Até mesmo um anão pode fazer grandes mudanças."

Kanban não é uma transformação 'big bang' indo de um estado atual para algum estado futuro. Sabemos pela história que isso raramente funciona. Em vez disso, Kanban usa uma abordagem evolucionária de mudança, baseando-se na forma de trabalhar já existente, buscando melhorá-lo usando várias formas de feedback e colaboração.

Arya: "Eu posso ser pequena, mas minhas observações e sugestões para a melhoria são afiadas como minha agulha."

Sansa: "Esses atos de liderança podem não ser o que se pensa como liderança tradicional. Podem ser pequenas observações e sugestões para a melhoria, realizadas por indivíduos sem papéis de liderança organizacional."

Etchechurry: "Não se preocupem, meus amigos. Com Kanban, vamos organizar nossas tarefas e vencer qualquer batalha. Estou aqui para ajudar!"

E assim, com a ajuda do Kanban e do Mestre Etchechurry, os personagens de Westeros conseguem organizar seus projetos e alcançar a vitória.

Princípios da Entrega de Serviços

Prepare-se para uma jornada épica em Westeros, onde os conceitos de Kanban são explicados com a ajuda dos personagens de Game of Thrones!

Cena 1: O Conselho de Kanban em Winterfell

Jon Snow: "Sansa, precisamos organizar melhor nosso trabalho. O inverno está chegando e não podemos nos dar ao luxo de falhas."

Sansa Stark: "Jon, ouvi falar de um método chamado Kanban. Ele nos ajuda a visualizar nosso trabalho e melhorar nosso fluxo."

Tyrion Lannister: "Kanban? Parece interessante. Como funciona?"

Sansa Stark: "Primeiro, precisamos entender e focar nas necessidades dos nossos clientes. No nosso caso, os habitantes de Winterfell."

Arya Stark: "E como fazemos isso?"

Sansa Stark: "Gerenciamos o trabalho e deixamos que as pessoas se auto-organizem em torno dele. Cada um tem seu papel, mas todos colaboram."

Tyrion Lannister: "E quem vai garantir que tudo funcione?"

Sansa Stark: "Para isso, temos o Mestre Etchechurry. Ele é respeitado e poderoso, capaz de remover todos os obstáculos do nosso projeto."

Cena 2: O Mestre Etchechurry Entra em Cena

Mestre Etchechurry: "Vejo que vocês estão tentando implementar Kanban. Deixem-me ajudar."

Jon Snow: "Precisamos de sua ajuda, Mestre. Temos muitos obstáculos."

Mestre Etchechurry: "Não se preocupem. Vou remover todos os impedimentos e garantir que o trabalho flua sem problemas."

Tyrion Lannister: "Isso é incrível! Com você ao nosso lado, nada pode nos parar."

Cena 3: Revisão da Rede de Serviços

Sansa Stark: "Precisamos rever regularmente nossa rede de serviços e suas políticas para melhorar os resultados."

Arya Stark: "Isso significa que devemos estar sempre atentos e prontos para ajustar nosso plano."

Mestre Etchechurry: "Exatamente, Arya. A melhoria contínua é a chave para o sucesso."

Jon Snow: "Compreendo. Vamos focar nas necessidades dos nossos clientes e garantir que nosso trabalho flua eficientemente."

iting a mail
Painting a nurail
Baking cookies
Baking a larg
Geing nnake
Learning coockie
Laking cokies
Leot fro cjot
dón g lnope
Goit for Hogfe
Gon for a hike
God for a haka

Kanban em Westeros: A Arte da Visualização

Cena 1: O Salão de Winterfell

Jon Snow: "Sansa, precisamos de uma maneira de ver tudo o que está acontecendo. Não sabemos nada sobre o que cada um está fazendo."

Sansa Stark: "Jon, ouvi falar de um método chamado Kanban. Vamos visualizar nosso trabalho em um quadro. Assim, todos saberão o que está acontecendo."

Cena 2: A Muralha

Tormund Giantsbane: "Jon, temos muitos problemas para resolver. Como vamos lidar com isso?"

Jon Snow: "Vamos criar um quadro Kanban. Cada tarefa será representada por um cartão, e todos poderão ver o que está em andamento."

Cena 3: Porto Real

Cersei Lannister: "Jaime, precisamos melhorar nosso fluxo de trabalho. As coisas estão muito lentas."

Jaime Lannister: "Vamos usar o quadro Kanban para visualizar o progresso. Assim, podemos identificar gargalos e melhorar a eficiência."

Cena 4: Meereen

Daenerys Targaryen: "Tyrion, como podemos garantir que estamos sempre melhorando?"

Tyrion Lannister: "Vamos usar o quadro Kanban para visualizar nosso trabalho e fazer ajustes contínuos."

Cena 5: O Ninho da Águia

Petyr Baelish: "Sansa, como podemos garantir que todos estão comprometidos com o processo? "

Sansa Stark: "Vamos tornar as políticas explícitas e visualizá-las no quadro Kanban. Todos devem conhecer as regras e segui-las. "

Cena 6: O Salão de Winterfell

Etchechurry: "Jon, ouvi dizer que você está enfrentando obstáculos no projeto. Posso ajudar? "

Jon Snow: "Etchechurry, você é nossa última esperança. Precisamos remover esses impedimentos. "

Etchechurry: "Deixe comigo. Vou garantir que nada atrapalhe nosso progresso. Sempre que precisarem, estarei aqui. "

Cena Final: O Salão de Winterfell

Jon Snow: "Com a ajuda de Etchechurry e o Kanban, conseguimos visualizar nosso trabalho e melhorar nossa eficiência. Obrigado a todos!"

Trabalho em Progresso

No reino de Westeros, onde dragões voam e tronos são disputados, um novo desafio surge: a gestão de projetos!

Jon Snow: "Sansa, precisamos organizar nossas tarefas. O que é esse tal de Kanban?"

Sansa Stark: "Jon, Kanban é um método para gerenciar o trabalho. Ele nos ajuda a visualizar nossas tarefas e limitar o trabalho em progresso, ou WIP."

Tyrion Lannister: "Ah, o WIP! Isso significa que não podemos fazer tudo ao mesmo tempo. Se tentarmos, será como uma estrada congestionada em King's Landing."

Daenerys Targaryen: "Então, precisamos limitar o WIP para garantir que o fluxo de trabalho seja suave, como o voo de um dragão."

Arya Stark: "E se tivermos problemas? Quem pode nos ajudar?"

Etchechurry: "Eu sou Etchechurry, o Mestre dos Projetos. Estou aqui para remover todos os obstáculos e garantir que o trabalho flua sem problemas. Podem contar comigo sempre que precisarem."

Bran Stark: "Com Etchechurry ao nosso lado, podemos focar no fluxo de trabalho e não nos sobrecarregar. Assim, seremos mais eficientes."

Cersei Lannister: "Então, vamos usar o Kanban para visualizar nossas tarefas e limitar o WIP. Assim, podemos conquistar o trono com eficiência."

E assim, com a ajuda de Etchechurry, os personagens de Westeros aprenderam a usar o Kanban para gerenciar seus projetos e garantir que o fluxo de trabalho fosse tão suave quanto o voo de um dragão.

Gerenciando o Fluxo de Trabalho e Métricas

No reino de Westeros, onde dragões voam e tronos são disputados, um novo desafio surge: a gestão de projetos!

Jon Snow: "Sansa, precisamos organizar nossas tarefas. O que é esse tal de Kanban?"

Sansa Stark: "Jon, Kanban é um método para gerenciar o trabalho. Ele nos ajuda a visualizar nossas tarefas e limitar o trabalho em progresso, ou WIP."

Tyrion Lannister: "Ah, o WIP! Isso significa que não podemos fazer tudo ao mesmo tempo. Se tentarmos, será como uma estrada congestionada em King's Landing."

Daenerys Targaryen: "Então, precisamos limitar o WIP para garantir que o fluxo de trabalho seja suave, como o voo de um dragão."

Arya Stark: "E se tivermos problemas? Quem pode nos ajudar?"

Etchechurry: "Eu sou Etchechurry, o Mestre dos Projetos. Estou aqui para remover todos os obstáculos e garantir que o trabalho flua sem problemas. Podem contar comigo sempre que precisarem."

Bran Stark: "Com Etchechurry ao nosso lado, podemos focar no fluxo de trabalho e não nos sobrecarregar. Assim, seremos mais eficientes."

Cersei Lannister: "Então, vamos usar o Kanban para visualizar nossas tarefas e limitar o WIP. Assim, podemos conquistar o trono com eficiência."

Tyrion Lannister: "E não podemos esquecer das métricas! O Lead Time mede o tempo total que uma tarefa leva para percorrer todo o fluxo de trabalho."

Sansa Stark: "O Cycle Time, por outro lado, mede o tempo desde que começamos a trabalhar em uma tarefa até a sua conclusão."

Jon Snow: "E o Throughput nos mostra quantas tarefas conseguimos completar em um determinado período."

Daenerys Targaryen: "Com essas métricas, podemos monitorar nosso progresso e fazer ajustes para melhorar nossa eficiência."

Etchechurry: "E lembrem-se, o objetivo de gerenciar o fluxo de trabalho é concluir as tarefas de forma contínua e previsível, mantendo um ritmo sustentável. Limitar o WIP é essencial para isso."

Kanban em Westeros: Tornando as Políticas Explícitas

Era uma vez em Westeros, onde os dragões voavam e os tronos eram disputados, um novo método de organização estava prestes a revolucionar a forma como os reinos gerenciavam seus projetos. Esse método era conhecido como **Kanban**.

Jon Snow: "Então, o que é esse tal de Kanban, Sansa?"

Sansa Stark: "Kanban é um sistema visual para gerenciar o trabalho à medida que ele se move através de um processo. Ele ajuda a identificar gargalos e melhorar a eficiência. Imagine um quadro com colunas que representam as etapas do nosso trabalho, como 'A Fazer', 'Em Progresso' e 'Concluído'."

Tyrion Lannister: "Ah, então é como um mapa de batalha, mas para tarefas. E como sabemos quando uma tarefa está concluída?"

Sansa Stark: "Para isso, temos as **políticas explícitas**. Elas definem claramente quando uma atividade de trabalho é concluída e pode seguir em frente. Por exemplo, quando o vinho está devidamente degustado, podemos movê-lo para 'Concluído'."

Arya Stark: "E se tivermos muitas tarefas ao mesmo tempo?"

Sansa Stark: "Para isso, temos os **limites de WIP (Work In Progress)**. Eles nos ajudam a não sobrecarregar o sistema. Assim, garantimos que não estamos tentando fazer tudo ao mesmo tempo, como lutar contra os Caminhantes Brancos e os Lannisters ao mesmo tempo."

Daenerys Targaryen: "E se houver diferentes tipos de tarefas, como treinar dragões e governar Meereen?"

Sansa Stark: "Temos políticas para o tratamento de itens de trabalho de diferentes classes de serviço. Isso nos ajuda a priorizar e tratar cada tipo de tarefa de acordo com sua importância."

Tyrion Lannister: "E quem define essas políticas?"

Sansa Stark: "Todas as partes envolvidas, incluindo clientes, partes interessadas e colaboradores responsáveis pelo trabalho. As políticas devem ser acordadas em conjunto e colocadas em uma área claramente perceptível, de preferência ao lado do quadro."

Etchechurry: "Lembrem-se, as políticas não são como instruções de trabalho. Elas devem permitir a auto-organização dentro do grupo de pessoas que executam um sistema Kanban. E devem ser escassas, simples, bem definidas, visíveis, aplicáveis e facilmente modificáveis."

E assim, com a ajuda de Kanban e do Mestre Etchechurry, os reinos de Westeros conseguiram organizar seus projetos de forma eficiente e eficaz, garantindo que todos os dragões fossem bem treinados e todos os tronos bem disputados.

Kanban em Westeros: Uma Jornada de Fluxo e Vazão

Em um dia ensolarado em Winterfell, Jon Snow estava tentando organizar as tarefas do dia. Ele olhou para a muralha de post-its na sala de guerra e suspirou. "Precisamos de um sistema melhor para isso," ele murmurou.

Daenerys, sempre prática, sugeriu: "Já ouviu falar de Kanban? É um método que pode nos ajudar a organizar melhor nossas tarefas." Jon, curioso, pediu mais detalhes.

Daenerys: "Imagine que nossas estradas estão sempre congestionadas. Todos os nossos recursos estão sendo usados, mas nada se move. Isso é alta utilização, mas baixa vazão. Com Kanban, queremos que os itens de trabalho fluam suavemente pelo sistema, como dragões voando livres no céu."

Jon: "Então, precisamos de folga para garantir que tudo flua bem?"

Daenerys: "Exatamente! E para isso, precisamos de um mestre que possa remover todos os obstáculos do nosso caminho."

Nesse momento, surge Etchechurry, um personagem respeitado e poderoso, conhecido por sua habilidade de resolver qualquer problema. "Vocês precisam de ajuda?" ele pergunta com um sorriso confiante.

Jon: "Etchechurry! Precisamos de sua ajuda para implementar o Kanban e garantir que nosso fluxo de trabalho seja eficiente."

Etchechurry: "Deixe comigo. Vamos começar limitando o trabalho em progresso e visualizando todas as tarefas. Assim, podemos identificar gargalos e resolvê-los rapidamente."

Com a ajuda de Etchechurry, Jon e Daenerys implementaram o Kanban em Winterfell. As tarefas começaram a fluir mais suavemente, e os atrasos foram reduzidos. Todos estavam felizes e produtivos, prontos para enfrentar qualquer desafio que viesse pela frente.

Tyrion: "Finalmente, um sistema que faz sentido! Agora posso focar em beber e saber coisas."

E assim, com a ajuda de Kanban e do mestre Etchechurry, Westeros encontrou um novo equilíbrio entre utilização e vazão, garantindo que todos os compromissos fossem cumpridos a tempo.

Tipos de trabalho

Cena 1: Sala de Guerra em Winterfell

Jon Snow: "Precisamos organizar nossas tarefas. Alguém já ouviu falar de Kanban?"

Tyrion Lannister: "Kanban? Parece o nome de um dragão. Mas, na verdade, é uma metodologia ágil para gerenciar tarefas. Vamos começar com as Histórias de Usuário. Por exemplo, 'Adicionar um botão de compartilhamento nas redes sociais'."

Arya Stark: "Eu posso fazer isso! Mas primeiro, preciso corrigir alguns Defeitos, como 'Corrigir o erro de login na página inicial'."

Cena 2: Sala do Trono em Porto Real

Cersei Lannister: "Tarefas Técnicas? Isso soa como algo que não me interessa. Mas se for para 'Atualizar a versão do framework', que seja."

Jaime Lannister: "E as Tarefas de Manutenção? Precisamos 'Realizar backup semanal do banco de dados' para garantir que tudo continue funcionando."

Cena 3: Biblioteca da Cidadela

Samwell Tarly: "Estou encarregado das Tarefas de Pesquisa. Preciso 'Pesquisar novas bibliotecas de gráficos para o dashboard'."

Bran Stark: "E as Tarefas de Abastecimento? Precisamos 'Reabastecer o estoque de componentes eletrônicos' para nossos projetos."

Cena 4: Chegada do Mestre Etchechurry

Etchechurry: "Vejo que todos estão ocupados. Podem contar comigo sempre que precisarem."

Todos: "Obrigado, Mestre Etchechurry! Você é nossa salvação!"

Classes de Serviços

No reino de Westeros, onde dragões voam e tronos são disputados, a gestão de projetos também é uma batalha épica. Vamos conhecer o Kanban através dos olhos dos personagens de Game of Thrones!

Jon Snow: "Então, Sansa, o que é esse tal de Kanban que todos estão falando?"

Sansa Stark: "Jon, Kanban é como organizar nossas tropas para a batalha. Temos colunas para 'A Fazer', 'Em Progresso' e 'Concluído'. Cada tarefa é um cartão que movemos de uma coluna para outra."

Tyrion Lannister: "Ah, então é como quando eu planejo uma festa. Primeiro, faço a lista de convidados, depois envio os convites e, finalmente, aproveito a festa. Simples assim!"

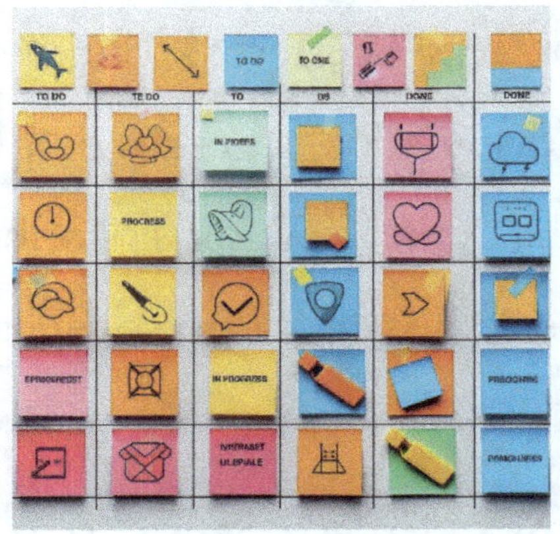

Daenerys Targaryen: "E o que são essas Classes de Serviço?"

Arya Stark: "Imagine que temos diferentes tipos de veículos em uma estrada. Carros de polícia, caminhões de bombeiro e ambulâncias têm prioridade. No Kanban, chamamos isso de 'Classe de Serviço'. Alguns itens são mais urgentes e precisam passar na frente dos outros."

Tyrion Lannister: "Então, se eu precisar de vinho urgentemente, isso seria uma 'Classe de Serviço Expedite'?"

Sansa Stark: "Exatamente, Tyrion. E para isso, temos regras e critérios. Os veículos urgentes são claramente reconhecíveis e podem passar mesmo se a estrada estiver congestionada."

STATIK

Cena 1: Introduzindo a Abordagem de Pensamento Sistêmico

Tyrion Lannister: "Pessoal, antes de começarmos, preciso falar sobre a Abordagem de Pensamento Sistêmico para Introduzir Kanban, ou STATIK."

Jon Snow: "STATIK? O que é isso, Tyrion?"

Tyrion: "É uma maneira consistente e humana de começar com Kanban. Foi aplicada inúmeras vezes na prática."

Daenerys Targaryen: "E como funciona?"

Tyrion: "São 6 passos básicos na abordagem STATIK, que são geralmente aplicados de forma iterativa. Os passos subsequentes podem descobrir novas informações, e pode fazer sentido repetir os passos anteriores."

Arya Stark: "Parece interessante. Vamos começar!"

Cena 2: Identificando fontes de insatisfação

Tyrion Lannister: "Jon, por que está tão carrancudo? Parece que viu um White Walker!"

Jon Snow: "As pessoas estão insatisfeitas, Tyrion. Os clientes reclamam que os dragões não chegam a tempo e os soldados estão cansados."

Tyrion: "Ah, a insatisfação é a motivação para a mudança. Vamos usar isso a nosso favor!"

Cena 3: Analisando a demanda

Daenerys Targaryen: "Quero saber o que os clientes pedem e por quais canais. Drogon, você está anotando tudo?"

Drogon: *Rugido de dragão que significa 'sim'*

Tyrion: "Lembre-se, Dany, gerencie o trabalho, não os trabalhadores. Ou dragões, no caso."

Cena 4: Analisando as capacidades do sistema

Arya Stark: "Quão rápido e previsível é o sistema? Preciso saber se posso confiar nele para minhas missões."

Bran Stark: "Com meus poderes de Corvo de Três Olhos, vejo que precisamos de dados históricos para isso."

Tyrion: "Ótimo, Bran. Vamos usar suas visões para melhorar nosso sistema."

Cena 5: Modelando o fluxo de trabalho

Sansa Stark: "Quais são as atividades que cada tipo de trabalho passa? Precisamos de um fluxo claro."

Tyrion: "Podem ser sequenciais, paralelos ou em nenhuma ordem particular. Vamos definir as colunas no quadro Kanban."

Jon Snow: "E se algo der errado?"

Tyrion: "Chamamos o Mestre Etchechurry, claro!"

Cena 6: Identificando as classes de serviço

Cersei Lannister: "Como os itens entram e são tratados no sistema? Quero tudo sob controle."

Tyrion: "Calma, Cersei. Vamos definir as Classes de Serviço para garantir que tudo funcione bem."

Cersei: "E se não funcionar?"

Tyrion: "Etchechurry estará lá para remover todos os obstáculos."

Cena 7: Projetando o sistema Kanban

Mestre Etchechurry: "Com base em todas as informações, vamos projetar o sistema Kanban. Teremos um quadro, cartões, métricas, cadências e políticas."

Tyrion: "Perfeito! Agora, todos sabem o que fazer e quando fazer. E se algo der errado, Etchechurry está aqui para ajudar."

O Quadro Kanban

Cena 1: O Quadro Kanban de Westeros

Jon Snow: "Pessoal, precisamos organizar nossas tarefas. Vamos usar um quadro Kanban. Alguém sabe o que é isso?"

Tyrion Lannister: "Claro, Jon. É simples. Imagine um quadro onde puxamos o trabalho da esquerda para a direita. Novos itens entram pela esquerda e, quando saem pela direita, entregamos valor aos nossos clientes. "

Daenerys Targaryen: "Então, se eu colocar 'Conquistar Westeros' na esquerda, quando chegar à direita, já terei conquistado?"

Tyrion: "Exatamente, mas com passos intermediários. Vamos dividir em tarefas menores, como 'Recrutar Exército', 'Treinar Dragões', e 'Planejar Estratégia'. Cada tarefa é um cartão no quadro."

Cena 2: O Fluxo de Trabalho

Arya Stark: "E esses cartões, como funcionam?"

Tyrion: "Cada cartão representa um item de trabalho. Pode ser uma tarefa, um requisito, ou até um projeto. Eles passam por várias etapas, que chamamos de fluxo de trabalho. Começamos com o que fazemos hoje e modelamos isso no quadro."

Sansa Stark: "Então, se eu tiver 'Organizar Defesa de Winterfell', posso dividir em 'Recrutar Soldados', 'Fortificar Muros', e 'Treinar Arqueiros'?"

Tyrion: "Exatamente, Sansa. E podemos usar cores diferentes para representar diferentes tipos de trabalho ou projetos."

Cena 3: Compromissos e Pontos de Entrega

Jon Snow: "E como sabemos quando um item está pronto para ser entregue?"

Tyrion: "Em um sistema Kanban, temos pelo menos um compromisso claro e um ponto de entrega. Quando um item de trabalho chega à direita, significa que o valor foi entregue aos nossos clientes."

Daenerys: "Então, se eu tiver 'Treinar Dragões' como um compromisso, quando chegar à direita, meus dragões estarão prontos para a batalha?"

Tyrion: "Exatamente, Daenerys. E podemos limitar a quantidade de trabalho em progresso (WIP) para garantir que não sobrecarreguemos nossos recursos."

Cena 4: Finalizando o Projeto

Jon Snow: "Então, quando todos os cartões chegarem à direita, teremos concluído nosso projeto?"

Tyrion: "Exatamente, Jon. E assim, entregamos valor aos nossos clientes, que no nosso caso, são os habitantes de Westeros."

Arya: "Parece simples. Vamos começar!"

Livros desse Autor

Casei de Novo e Agora: Uma jornada de autodescoberta após um recomeço.

Reuniões Ágeis: Como aplicar princípios ágeis em reuniões produtivas.

Histórias Não Contadas: Bastidores engraçados ao longo da carreira.

Então Você Quer Ser um Scrum Master: Dicas práticas para aspirantes a Scrum Masters.

Amores Perdidos: Poesia do coração

Auditoria com a utilização de métodos ágeis e uso de analytics: Metodologia Ágil a serviço da Auditoria: Um guia para otimizar processos com base em dados.

Pai de Multidões: Liderança e influência Paterna em ambientes familiares.

Scrum For Fun: Rir e aprender. Sem peso, sem dificuldade.

Sangue no Gelo: Qual a melhor maneira de gerir suas emoções no ambiente corporativo?

Sobre o Autor

Um Menino Brincando e Lutando Contra o Crescer

Epílogo

"Ao final desta jornada, espero que você tenha encontrado inspiração e conhecimento para aplicar o Kanban em sua própria vida e trabalho com alegria, sem peso."

Agradecimentos

"Agradeço a todos que contribuíram para este livro, especialmente à comunidade ágil e aos colegas que compartilharam suas experiências."